बात ही कुछ और थी

सजल संग्रह

अमर अद्वितीय बिसावर

Made with ♥ on the Notion Press Platform
www.notionpress.com

****

यह काव्य संग्रह

उन सभी परिचित/अपरिचित

साहित्यकारों को समर्पित है

जिनसे मुझे जीवन के किसी भी

बिंदु पर साहित्य सृजन के

विषय में न्यूनतम ज्ञानांश मिला

तथा जिन्होंने मेरे चिंतन-कक्ष

के किसी भी कोने को क्षण भर

के लिए भी आलोकित किया!

****

क्रम-सूची

क्रम-सूची

क्रम-सूची

क्रम-सूची

प्रस्तावना

*** शुभाशीष-प्रसून ***

प्रस्तुत सजल-संग्रह "बात ही कुछ और थी" कवि श्री अमर अद्वितीय 'बिसावर' का द्वितीय सजल-संग्रह है। इसमें उनकी विविधरंगी संदेशप्रद सजलें संकलित हैं जो पाठकों को, एक चिंतनशील कवि के रूप में उनकी बहुमुखी प्रतिभा से परिचय कराते हुए निश्चित रूप से प्रभावित करेंगी। वे लंबे समय से काव्य सृजन करते हुए हिंदी साहित्य में अपना योगदान दे रहे हैं और शुरुआत से ही हिंदी सजल आंदोलन में सक्रिय भूमिका निभा रहे हैं। सजल के मानकों तथा हिंदी काव्य के व्याकरण के अनुसार इनके कथ्य की संदेशप्रदता तथा इनकी व्यंजनात्मक उच्चता प्रशंसनीय है।

वस्तुतः 'सजल' विधा उर्दू की 'गजल' के समकक्ष हिंदी की विधा है अतः इसकी शैली-शिल्प गीत से अलग है, गजल के समकक्ष है। विशेषकर सजल की भाषा अभिधात्मक न होकर सांकेतिक होती है जिसमें लक्षणा, व्यंजना की प्रधानता होती है। सजल हिंदी कवियों के लिए गजल जैसी कविता हिंदी में लिखने का मार्ग प्रशस्त करती है। इसमें विविध स्वतंत्र कथ्यों वाली द्विपंक्तिक कड़ियाँ होती हैं जिनकी विशिष्ट सांकेतिक 'कहन' होती है।

गजल विधा मूलतः उर्दू की है इसलिए गजल लिखते समय कवि की मानसिकता यह बनी रहती है कि गजल की भाषा में उर्दू के शब्दों और उर्दू के व्याकरण का अधिकाधिक मुक्तहस्त प्रयोग किया जाए, तभी हमारी गजल श्रेष्ठ स्तर की मानी जाएगी। इसी

मानसिकता के दबाब में जो हिंदी में गजलें लिखने की होड़ मची उसके कारण हिंदी भाषा विकृत होती चली गई। हिंदी में गजल लिखने वाले कवियों ने उर्दू के नुक्ता का मुक्तहस्त प्रयोग किया; उर्दू के 'आत' प्रत्यययुक्त बहुवचन शब्दों को भी अपनाया तथा सिर को 'सर', यों को 'यूँ', वह को तथा वे को 'वो', जिंदगी को जिंदगानी, मकान व निशान को 'मकां' व 'निशां' आदि-आदि उर्दू की भाषिक विकृतियों से हिंदी की पहचान को धूमिल कर दिया। गजल के कारण हिंदी पर उर्दू छाती चली गई। गजल जैसी कोई विधा हिंदी में होती तो यह नहीं होता।

गजल के समकक्ष हिंदी में अपनी एक नई विधा की यही आवश्यकता 'सजल विधा' के आविष्कार की जननी बनी। इसी समस्या के निराकरण के लिए, विचारपूर्वक गजल के ढाँचे को लेकर सजल का रूपबंध गढ़ा गया। उसके अंगोपांगों को हिंदी नाम दिए गए, जैसे सजल में--- पदिक, पल्लव, आदिक, समादिक, अंतिक, पदांत और समांत, ये सारे नाम गजल में क्रमशः -- शेर, मिसरा, मतला, मतला-सानी, मक्ता, रदीफ और काफिया कहलाते हैं।

इसके अतिरिक्त सजल की भाषा, शिल्प और व्याकरण के हिंदी मानक निर्धारित करके, उसको हिंदी काव्य की एक परिपूर्ण स्वतंत्र विधा का रूप दिया गया है। मानक के अनुसार सजल की भाषा में मात्रापतन प्रारंभ से ही वर्जित है। सजल की भाषा संप्रेषणीय सुगम परिनिष्ठित हिंदी है, जिसमें अपरिहार्य होने पर ही, बोलचाल में प्रयुक्त अन्य भाषाओं के सरल शब्द लिए जा सकते हैं किंतु उनका प्रयोग हिंदी व्याकरण के अनुरूप ही अनुमन्य है। संज्ञा, सर्वनाम, क्रिया, विशेषण, क्रिया-विशेषण तथा कारक और उपसर्ग --- सजल में ये सब हिंदी के ही अनुमन्य हैं। सजल में लय का आधार किसी भी हिंदी छंद की लय को माना गया है।

सजल में वर्णिक छंद की लय लेने पर एक दीर्घ वर्ण के स्थान पर अपेक्षित होने पर दो लघु वर्ण लेने की भी छूट है।

हिंदी छंदशास्त्र के अनुसार सजल में यति-संयोजन की भी अनिवार्यता है।

इस प्रकार सजल विधा हिंदी की एक परिपूर्ण प्रयोजनपरक विधा है जो हिंदी की धूमिल होती पहचान को बचाने का प्रयोजन लेकर जन्मी है।

अंत में मुझे यह कहते हुए प्रसन्नता और संतोष का अनुभव हो रहा है कि प्रस्तुत सजल-संग्रह की सजलें भाव और कथ्य-वैविध्य तथा संदेशप्रदता की दृष्टि से उच्चस्तरीय हैं, सराहनीय हैं, अभिनंदनीय हैं। कविश्री अमर अद्वितीय 'बिसावर' को हमारा हार्दिक शुभाशीष एवं भविष्य की अमित शुभकामनाएँ है।

जय हिंदी! जय सजल!!

.

स्नेहाधीन,

.

--- डॉ०अनिल गहलौत
सेवा निवृत्त ऐसोसिएट प्रोफेसर
हिंदी विभाग
के आर कालेज, मथुरा (उ प्र)
मो०- 9412336036

भूमिका

कविवर श्री अमर अद्वितीय एक बैंक अधिकारी हैं और अच्छे रचनाकार भी। इन्होंने खूब साहित्य सृजन किया है परंतु प्रकाशित कम ही हो सका है। ड्यूटी पर तो इतना समय नहीं होता है कि कविता लिखी जा सके फिर भी घर आकर ये साहित्य सृजन के लिए समय निकाल ही लेते हैं।

"बात ही कुछ और थी" श्री अमर अद्वितीय की दूसरी पुस्तक है। इसमें बहुत ही अनुपम और मनभावन सजलें हैं।

आप खड़ी बोली हिंदी और ब्रजभाषा में सृजन करते हैं। इस पुस्तक में भी कहीं-कहीं ब्रजभाषा में सजल पढ़ने को मिल जाएँगी। एक सजल की चार पंक्तियाँ दृष्टव्य हैं -

अनगित रूप दिखायौ कान्हा।

सबकूँ नाच नचायौ कान्हा।।

सारे राग-रंग-धुन फीके।

बंशी बोल सुनायौ कान्हा।।

कवि का जन्म गाँव में हुआ है। वहीं पढ़े-लिखे हैं। गाँव में रहकर लोगों में जो प्रेम, अपनत्व और सहकारी भावना देखी है वे शहर में रहकर भी भूले नहीं हैं। गाँव में भले ही संसाधनों की कमी थी। तभी तो वे लिखते हैं -

क्या बताएँ उन दिनों की, बात ही कुछ और थी।

गाँव के संसाधनों की, बात ही कुछ और थी।।

आओ छप्पर को उठाएँ, गाँव सब हाजिर हुआ।

टीन, टप्पर, खोलियों की, बात ही कुछ और थी।।

गाँव में किसान हैं या मजदूरी करके पेट पालने वाले हैं। सभी किसान धनवान नहीं होते हैं। गरीबी का सामने करने वालों की संख्या अधिक होती है। कवि ने ऐसी स्थिति भी देखी और सुनी भी है जिसे सुनकर लोग सिहर उठते हैं। इसी पुस्तक की सत्य एवं मार्मिक पंक्तियाँ देखिए -

माँ बस परियों की कहानी ही सुनाती रही।

भूख से संतान जिस रात छटपटाती रही।।

ज्योत्सना चहुँ ओर बिखरी उस पूनम की बेला में।

घर थी आँधियारी, उजाले के गीत गाती रही।।

गरीबी की परिस्थितियों में भी माता-पिता और घर के बड़े-बूढ़े अपने बच्चों को सत्य और सदाचार का ही पाठ पढ़ाया करते थे। एक जगह इन्होंने लिखा भी है -

था बुजुर्गों ने सिखाया,

सिर्फ सच का साथ देना।

कुछ पिताजी की बताई,

गलतियों पर बात कर लें।।

ऐसा प्रतीत होता है कि कवि अपने पिताजी द्वारा बताए गए सत्य के पथ पर ही चल रहे हैं। इन्हें झूठे लोग बिल्कुल भी पसंद नहीं हैं। तभी तो वे लिखते हैं -

ज्ञान झूठा दूसरों को आप दोगे कब तलब?

भावनाओं का हवन करते रहोगे कब तलक??

झूठ को सौ बार बोलो, सत्य हो सकता नहीं।

सच छुपा कर झूठ की माला जपोगे कब तलक??

कवि अमर अद्वितीय हिंदी भाषा के समर्थक हैं। क्योंकि यह भाषा बहुसंख्यकों की मातृभाषा है। सरल और सरस भाषा है। लेकिन अभी तक इसे राष्ट्र भाषा नहीं बनाया गया है। इससे वे इसलिए आहत हैं क्योंकि वोटों के लिए अपने लोग ही चुप बैठे

हैं। कोई रिस्क लेना नहीं चाहता है। इसी विषय पर व्यंग्यात्मक शैली में एक कटाक्ष देखने योग्य है -

मेरी और तुम्हारी हिंदी।

पढ़ें सभी नर-नारी हिंदी।।

नहीं राष्ट्र भाषा का दर्जा।

घर में ही गद्दारी हिंदी।।

ऐसी अनेक सजलें इस पुस्तक में और भी हैं जो पाठकों को आनंदित करेंगी।वास्तव में श्री अमर अद्वितीय ऐसे रचनाकार हैं जो हर क्षेत्र में अपना स्पष्ट विचार बेवाकी से रखते हैं। इसलिए इस पुस्तक में सामाजिक और राजनीतिक विसंगतियों पर भी लेखनी चलाई गई है।

मेरा मानना है कि इनकी यह पुस्तक हिंदी साहित्य जगत में अपना स्थान अवश्य बनाएगी। मेरी शुभकामनाएं इनके साथ हैं।

शुभेक्षु -

इंजी. संतोष कुमार सिंह
वरिष्ठ साहित्यकार
मोतीकुंज एक्सटेंशन
मथुरा, उत्तर प्रदेश
मोबाइल 9456882131

आमुख

प्रिय पाठको,

यह पुस्तक एक काव्य संग्रह है, जिसमें मेरे भीतर के कवि ने मानव जीवन की अनेक संवेदनाओं और भावनाओं की छवियों को समेटने का प्रयास किया है। कवि ने अपने आसपास घटित सामाजिक और राजनीतिक वातावरण में जब जो देखा और आभास किया उसे संग्रह कर शब्दों में पिरोया है और उसे यथानुसार आप सब तक पहुँचाने का एक प्रयास किया है। कई पंक्तियां ऐसी हैं जिनमें जीवन की अनगिनत अवधारणाएँ व उनकी रूपरेखाएँ चित्रित हैं, जो हमारी अंतरात्मा की गहराईयों में बसी हुई होती हैं।

यह मेरा दूसरा काव्य संग्रह है जिसमें संग्रहित काव्य रचनाएँ सजलें हैं जो हिंदी भाषा की नवीन काव्य विधा है और उर्दू की ग़ज़ल के समकक्ष काव्य विधा है! प्रथम काव्य संग्रह जो कि बहुत विलंब के उपरांत प्रकाशित हुआ, वह भी एक सजल संग्रह है। आमतौर पर बोलचाल वाली सरल हिन्दुस्तानी भाषा में काव्य सृजन मेरी रुचि है और प्राथमिकता रहती है और मेरी कविताओं की शैली पूर्णतः मौलिक है जो कि देखने में गजल, गीतिका, मुक्तिका, पूर्णिका आदि से मेल खाती है लेकिन जहाँ तक भाषा-शैली और व्याकरण की बात है, वहाँ सजल विधा के लिए तय मापदंड का पालन किया जाता है।

अनेक कवि और साहित्यकार जिनका कोई गोडफादर नहीं होता है, उन्हें लेखन और प्रकाशन के पथ पर आगे बढ़ने में बहुत कठिनाइयों का सामना करना पड़ता है, इस अनुभव से मुझे भी गुजरना पड़ा! लेकिन, कहते हैं कि जहाँ चाह वहाँ राह! पहला

कदम अत्यधिक कठिन एवं संदेह से भरा हुआ था किंतु निकल पड़ा तो एक एक कर अनेक स्थापित साहित्यकार मदद और मार्गदर्शन करने लगे! प्रकाशन के कार्य में कदम बढ़ाने में मुझे सर्वाधिक मार्गदर्शन डॉ दिनेश पाठक 'शशि' जी से प्राप्त हुआ! उन सब की बातों से मुझे ऊर्जा मिली और उसी के परिणाम स्वरुप द्विवतीय संग्रह प्रकाशित कराने का साहस जुटाया है, यदि मेरा लेखन पाठकों के हृदय में अपनी जगह बना पाए तो मुझे निकट भविष्य में और भी साहित्य सृजन करने की सकारात्मक ऊर्जा मिलेगी।

इस सजल संग्रह में विभिन्न विषयों पर लिखी गई कविताएँ हैं। यहाँ आपको प्रेम, विरह, जीवन की अनगिनत राहें और आत्मा की खोज करते हुए विचारों की कविताएँ मिलेगी। ये कविताएँ आपके अपने अंदर छिपे भावों को जागृत करेंगी और आपको जीवन की अनगिनत रूपरेखाओं को समझने में मदद करेंगी।

इस संग्रह को पढ़कर आपकी भावनाओं की गहराइयों में खो जाने की आवश्यकता है। यह कविताएँ आपके मन की गहराइयों में छू जाएंगी और आपको अपने जीवन के रंगीन पलों को देखने की क्षमता प्रदान करेंगी।

आप सभी का साभार धन्यवाद।

अमर अद्विवतीय 'बिसावर'

म. सं. २५६, आनंदवन, फेस-२, मथुरा (उ प्र)

मो- ९३५९२७३९०४

फाल्गुन शुक्ल एकादशी संवत् २०८०

२० मार्च २०२४

कल्पना की जादूगरी में, "बात ही कुछ और थी"

<u>कल्पना की जादूगरी में, "बात ही कुछ और थी"</u>

अपनी पहली सजल कृति "आखिर सम्मुख आया सच" के बाद कवि अमर अद्वितीय बिसावर दूसरी सजल कृति "बात ही कुछ और थी" के साथ पुनः उपस्थित हुए हैं। कवि का मानना है कि,

बांधे कई कल्पना के पुल।

कवि सचमुच जादूगर होता।।

नेताओं की बात अलग है।

एक एक से बढ़कर होता।।

और कवि अमर अद्वितीय अपनी कल्पना की जादूगरी में किन-किन बातों से साक्षात्कार करते हैं यह उनके नए सजल संग्रह "बात ही कुछ और थी" को पढ़कर ही जाना जा सकेगा।

कवि ने परदे के पीछे की जिन बातों को देखा व अभिव्यक्त किया है उनकी थोड़ी-सी पड़ताल हम भी करना चाहेंगे। थोड़ी सी बानगी प्रस्तुत है -

"आधी रोटी" शीर्षक सजल को देखें -

दूध बह गया नाली में।

बिल्ली हैं रखवाली में।।

पीपे में पूरा आटा।

आधी रोटी थाली में।।

बीस कमाए दस पाए।

बाकी गए दलाली में।।

बाग भरा है दीमक से।

दोष बताते माली में।।

घुने हुए हैं गेहूं जौ।
रह भूखा कंगाली में।।
कुछ पंक्तियां और भी देखें -
भख रहे धनवान भोजन को सुबह से शाम तक।
पर नहीं दो जून का भी दीन को खाना मिला।।
रैलियों की भीड़ में सच्चे समर्थक अब नहीं।
लोग जाते हैं कि खाना मुफ्त में जाना मिला।।

**** **** ****

राजनीति में नीति नहीं कोई होती।
जिसने कांटे पांव उसी से हाथ मिलाया।।

**** **** ****

सेवक करता रहता सेवा।
मुखिया व्यक्ति चिलम भरवाता।।

**** **** ****

अपने आप आग लगवाई खूब रही।
अब कहते आओ रे भाई खूब रही।।
तेल कहीं से और कहीं से ले ईंधन।
हमसे मांगें दियासलाई खूब रही।।

**** **** ****

लगी टूटने सांसें ही जब, लोग बचाने आए।
शोक जताने आए तो कुछ भेद चुराने आए।।
यह सब सामाजिक विसंगतियां हैं जिनसे कवि ने पर्दा उठाने का प्रयास किया है। यही उनके प्रस्तुत संग्रह के कथ्य का मूल तत्व है। जो सर्वसामान्य को दिखाई देता है, कवि उससे अलग देख पाता है और वह बात ही कुछ और होती है।

कभी कवि के सामने प्रश्न होता है कि क्या किया जाए? द्रष्टव्य है -

रोटी कपड़ा और मकान जरूरत है।
विज्ञापन सरकार दिखाएं क्या कीजै।।
संविधान को ठीक तरह से पढ़ा नहीं।
नेता बन जनता बहकाए क्या कीजै।।

दर्द की दवा कवि के पास होती है, देखिए -

फेंक दी कवि ने हर दर्द की पुड़िया बनाकर।
जिसने भी आजमाई राहत दिलाती रही।।

कवि अमर अद्विवतीय जीवन के अनुभवों की अभिव्यक्ति कुछ इस प्रकार करते हैं।

हंसकर या फिर रोकर निकला।
था जो साथ सहोदर निकला।।
डर के आगे जीत खड़ी है।
जीत गया जिसका डर निकला।।

वे मानते हैं कि ईर्ष्या रखना भली आदत नहीं, देखिए पंक्तियां,

नहीं भली आदत है ईर्ष्या।
तन मन अपना जल जाता है।।

क्रोध के विषय में उनका वक्तव्य है -

चाल समय की बड़ी अनोखी।
खोटा सिक्का चल जाता है।।
खेले खेल क्रोध पल भर में।
टाल दिया तो टल जाता है।।
कुछ हठीले लोग भी मिलते हैं,
लगते मानो शूल नुकीले।
हो जाते जब लोग हठीले।।

कवि का निष्कर्ष है कि घर का क्लेश (विवाद) थमना आवश्यक होता है।

नित्य क्लेश हो जिस घर में उड़ जाती खुशियां
शोर किसी एक दिन थमना, आवश्यक है।

वर्तमान सज-धज की व दिखावे की संस्कृति पर उनकी संक्षिप्त परंतु मारक टिप्पणी आकर्षित करती है, देखें -

गाल पोते, बाल पोते, खाल पोती।
आदमी लंगूर होने के निकट है।।

कवि अमर अद्वितीय का एक कटाक्ष राजनीति पर देखने योग्य है -

ऊंचे सपने पाला करिए।
कोई गड़बड़ झाला करिए।।
सीख लीजिए नेतागीरी।
एक बड़ा घोटाला करिए।।

झूठ सामाजिक बुराई है, कवि सत्य का आग्रही है किंतु हां में हां मिलाने पर सहमति देता दिखाई देता है। पंक्तियां उद्धृत हैं -

झूठ को सौ बार बोलो सत्य हो सकता नहीं।
सच छुपा कर झूठ की माला जपोगे कब तलक।।

**** **** ****

झूठ बोलना बुरी बात है अच्छी कौन कहे।
लेकिन हां में हां मिलाने में बुराई क्या है।।

जीवन में हार का सामना करना पड़ सकता है। लेकिन कवि अमर अद्वितीय की हार में जीत की संभावनाओं पर अभिव्यक्ति द्रष्टव्य है -

हार से ही जीतने की सीख मिलती है।
मत निराशा से घिरो ले हार की बातें।।

**** **** ****

लक्ष्य कितना ही कठिन हो बात ये मत भूलना ।
हार में भी जीत की संभावनाएं हैं छुपी।।

कवि ने अपनी बात को प्रमाणित करते हुए लिखा है कि,

हार गया है शक्तिमान भी।

पदक जीत मरियल लाया है।।

और उदास होना उचित नहीं है। जिन्दगी में मुस्कान चाहिए ही। उनके शब्दों में देखिए -

मार देती है उदासी सुन अमर।

लौटती है जिंदगी मुस्कान से।।

उपरोक्त कुछ बानगियां कवि अमर अद्वितीय की सजलों में से सारांश स्वरूप प्रस्तुत की गई हैं, पूरी बात जो कुछ और ही है संग्रह को पढ़ने से समझ में आ सकेगी। इस संग्रह में ८० सजल संग्रहीत हैं।

इन सजलों की भाषा, शिल्प व शैली में पहले संग्रह की अपेक्षा स्वाभाविक रूप से परिमार्जन दिखाई देता है। उनकी साधना अधिक विकसित हुई है। ब्रज के लोकजीवन के चित्र भी इस संग्रह में मिलते हैं। इसीलिए बुद्दके, बंबा, बंबियों, कुलावे, बुर्जी, बिटौरे, छप्पर, टीन टप्पर जैसी शब्द संपदा से यह संग्रह समृद्ध हुआ है। कवि का यह संग्रह निश्चित ही उनकी शब्द साधना तथा कवित्व के विकसित होने और नए आयामों की ओर अग्रसर होने का सूचक है। कवि अमर अद्वितीय बधाई के पात्र हैं। मेरी ओर से उनको हार्दिक शुभकामनाएं!

डॉ जे पी बघेल, मुंबई

1. नाच नचायौ कान्हा

अनगिन रूप दिखायौ कान्हा।
सब कूँ नाच नचायौ कान्हा।।
उत्सव जगत मनायौ कान्हा।
घर, मंदिर पधरायौ कान्हा।।
गर्भ देवकी जायौ कान्हा।।
भेंट जसोदा पायौ कान्हा।।
भादों की एक अद्र्ध रात्रि में।।
आ सब को चौंकायौ कान्हा।।
मोर पंख, पीताम्बर धारण।
चंदन अंग लगायौ कान्हा।।
ग्वाल, गाय, गोपिन को मोहे।
मुरली अधर बजायौ कान्हा।।
सारे राग - रंग - धुन फीके।
बंशी बोल सुनायौ कान्हा।।
जन्मोत्सव का अवसर पाकर।
झूला खूब झुलायौ कान्हा।।
इंतजार रहता उस दिन का।
जब धरती पर आयौ कान्हा।।

ooo

2. बात ही कुछ और थी

क्या बताएं उन दिनों की बात ही कुछ और थी।।
गाँव के संसाधनों की बात ही कुछ और थी।।

O

O

शिक्षकों द्वारा पिटाई की शिकायत थी कहाँ।
खड़िया,स्याही,बुद्दकों की बात ही कुछ और थी।।

O

O

पाँच पैसे में लिया करते थे बच्चे स्वाद सब।
पुड़िया वाले चूरणों की बात ही कुछ और थी।।

O

O

आए यदि चिट्ठी किसी की वांचते थे सब उसे।
टेर देते डाकियों की बात ही कुछ और थी।।

O

O

था समय निश्चित सभी का,कबकिसे जाना कुआँ।
बाल बूढ़े सब जनों की बात ही कुछ और थी।।

O

O

थे सिंचाई को कुलावे हर नहर पर गाँव में।
और बम्बा, बंबियों की बात ही कुछ और थी।।

पाँव पर झूला झुलातीं बच्चियों को दादियां।
पाँव के उन झूलनों की बात ही कुछ और थी।।

o

o

बैल हो यदि एक भैंसा साथ में ले दूसरा।
शामिलाती जोड़ियों की बात ही कुछ और थी।।

o

o

राख में यदि आग हो बर्बाद वह जाती नहीं।
उसमें भूने आलुओं की बात ही कुछ और थी।।

o

o

थे कई बुर्जी , बिटौरे प्रेम करने के ठियाँ।
इसतरह के पर्यटनों की बात ही कुछ और थी।।

o

o

जमींदार के बाग में कुछ पेड़ थे अमरूद के।
गश्त करती टोलियों की बातही कुछ और थी।।

o

o

'आओ छप्पर को उठाएँ',गाँव सब हाजिर हुआ।
टीन, टप्पर, टोलियों की बात ही कुछ और थी।।

❧❧❧

3. हमने बहुत प्रयास किया

अपने मन को समझाने का, हमने बहुत प्रयास किया।
बुद्धिमान भी कहलाने का, हमने बहुत प्रयास किया।।
O
O
बाल रँगाए , खाल रँगाई , पहने कपड़े नए-नए।
नित्य थोबड़ा चमकाने का, हमने बहुत प्रयास किया।।
O
O
रंग प्रेयसी पर चढ़ जाए, बिगड़ी बात सँवर जाए।
नित्य निकट उनके जानेका, हमने बहुत प्रयासकिया।।
O
O
चिंता काम-धाम की छोड़ी, दावत मिले वहीं पहुँचे।
बिना भूख के भी खाने का, हमने बहुत प्रयास किया।।
O
O
नहीं कई दायित्व निभाए, लेकिन देशभक्त ऊँचे।
हाथों झंडा फहराने का, हमने बहुत प्रयास किया।।
OOO

4. हो आए काशी वृंदावन

पंथ सत्य का चलते कुछ दिन।
जीवन जैसा ढलते कुछ दिन।।
O
किसकी नकल करोगे कब तक!
सोच-विचार मचलते कुछ दिन।।
O
अपनों के विकास से जलते।
आगे कभी निकलते कुछदिन।।
O
हो आए काशी वृंदावन।
चंदन माथे मलते कुछ दिन।।
O
है प्रारब्ध कर्म पर भारी।
पुन्य पाप सब गलते कुछदिन।।
OOO

5. मंगलगान गाएं

आओ साथ बैठ कर मंगल गान जगत के गाएँ।
आपस में मानव जीवन की बातें सुनें-सुनाएँ।।
O
O

किसने किसको कहा और क्या कहा, कहा वह कैसे।
महत्वपूर्ण है अधिक भावना की गहराई पाएँ।।
O
O

मिलते और बिछड़ते रहते जग में संगी-साथी।
कुछ कष्टों को हर लें उनको नई खुशी दे आएँ।।
O
O

भय, संशय, प्रतिशोध करें रोपण मन में कुंठा का।
बचें स्वयं भी इनसे और जनों को सदा बचाएँ।।
O
O

कर्म धर्म से जुड़ा हुआ है, धर्म कर्म का पहलू।
कब आवश्यक सनद कराने, पूजा-घर ही जाएँ।।

ooo

6. कि मत पूछो..

सिर मुँडवाते ही बड़े ओले पड़े कि मत पूछो।
चने चबाए लोहे के हिले जबड़े कि मत पूछो।।
O
O
चार पैसों की खनक ने दी बदल मन की हनक।
छोटे होकर भी लगे बनने बड़े कि मत पूछो।।
O
O
आदतों की आड़ लेकर बिगड़ रहे हैं लाड़ले।
दीप लेकर आस में हमसब खड़े कि मत पूछो।।
O
O
मात्र दस रुपए ही चुराए थे पुत्र ने जेब से।
दे दनादन बाप ने थप्पड़ जड़े कि मत पूछो।।
O
O
सिर हिलाकर 'ना' कहा तो हाँ किसीने बोलकर।
मेरे अपने लोग ही मुझसे लड़े कि मत पूछो।।

ooo

7. संभावनाएं हैं छुपी

कर्मयोगी के हृदय में साधनाएं हैं छुपी।
ब्रह्मचारी सोच, पर कुछ कामनाएं हैं छुपी।।
O
O

मतकहो, लिव इन रिलेशन है आपसी मित्रता।
भीतरी मन में कहीं कुछ वासनाएँ हैं छुपी।।
O
O

जिंदगी कानून के अनुसार चल सकती नहीं।
कचहरी के रूप में प्रताड़नाएं हैं छुपी।।
O
O

चापलूसी का हुनर हर व्यक्ति में होता नहीं।
हाथ फैलाना समझिए, याचनाएँ है छुपी।।
O
O

लक्ष्य कितनाही कठिनहो, बात ये मतभूलना।
हार में भी जीत की संभावनाएं हैं छुपी।।
OOO

8. राम जाने क्या हुआ

बालकों का बालपन में खेलना कम ही दिखे।
बादलों में मेघ है पर गर्जना कम ही दिखे।।
O
घट गई है कुमुदिनी में महक की संभावना।
और भौंरों के हृदय में कामना कम ही दिखे।।
O
आजकल की नारियों को राम जाने क्या हुआ।
नाचना तो बढ़ गया, पर अर्चना कम ही दिखे।।
O
नाम सोशल मीडिया है चीज अनसोशल बड़ी।
भावना के नाम पर सद्भावना कम ही दिखे।।
O
'आई लव यू' कह दिया तो मत समझना प्यार है।
प्रेमियों में प्रेम वाली चाहना कम ही दिखे।।
O
साधना को, प्रार्थना को दाम से मत जोड़ना।
दाम वाले धाम सच्ची प्रार्थना कम ही दिखे।।

OOO

9. बस जाने में देर लगी

दबी बात को बाहर तक आने में देर लगी।
सहमे अधर, जीभ को हकलाने में देर लगी।।

o

o

समझ गया वह उलझी हुई पहेली को क्षण में।
ज्ञानी को, लोगों को समझाने में देर लगी।।

o

o

'आई लव यू' बोल चुकी है कई बार प्रेयसि।
अपनेपन से प्रियतम कह पाने में देर लगी।।

o

o

शर्त प्रेम की है कि बिछड़ना पड़े प्रेमियों को।
इसी सत्य को मन में बस जाने में देर लगी।।

o

o

सुनो 'बिसावर' सरसों नहीं हथेली पर जमती।
घर को एक घरौंदा बनवाने में देर लगी।।

ooo

10. झंडा आन देश की

उचित बड़ों का मान हमेशा।
रहे कथन का ध्यान हमेशा।।
O
O
बना तिरंगा तीन रंग से।
है रंगों की खान हमेशा।।
O
O
झंडा होता आन देश की।
रखें उच्चतम शान हमेशा।।
O
O
हूँ लघु, मुझसे देश बड़ा है।
बड़ी देश की आन हमेशा।।
O
O
झंडारोहण विशेष अवसर।
गाएं जन गण गान हमेशा।।

ooo

11. बंदरबांट कराने वाले

मन भीतर से कोमल रखते संकट-समय बचाने वाले।
लोग कपट से भरे हुए हैं अवसर देख फँसाने वाले।।

O

O

काम पड़े तो छुप जाते हैं, हर दावत में रहें उपस्थित।
लोग कपट से भरे हुए हैं दिखने और दिखाने वाले।।

O

O

बजा रहे सब अपनी डफली, बस अपना राग सुनाते हैं।
नहीं प्रभावित हों जनता से बंदरिया नचवाने वाले।।

O

O

बुरा समय हो तो कहते, अच्छा तैराक डूब जाता है।
घोड़े से भी गिर जाते हैं नित्य उन्हें दौड़ाने वाले।।

O

O

नेता तो नेता होते हैं नेता क्या जो घूस न लेता।
गुड़ की ढेली बीच फेंक कर बंदरबांट कराने वाले।।

12. कुछ दिनों चूल्हा जला

पीर दी है यदि दवा होती लगाई, मानते।
आंसुओं से घावों की करते भरपाई, मानते।।

O

O

गंध उसको भा गई तो बाग में भौंरा गया।
कुमुदिनी से वह अगर करता सगाई, मानते।।

O

O

भर गया जब मेघ से अत्यंत बादल फट गया।
वर्षा यदि जीव-जंतुओं हेतु आई, मानते।।

O

O

राज्य से अनुदान पाकर कुछ दिनों चूल्हा जला।
रोजगारी में बढ़त होती दिलाई, मानते।।

O

O

पुत्र के जन्मोत्सव पर गाँव में क्या धूम थी!
जन्म कन्या का हुआ, बँटती मिठाई, मानते।।

ooo

13. भाई, खूब रही

अपने आप आग लगवाई, खूब रही।
अब कहते, आओ रे भाई, खूब रही।।
O
O
तेल कहीं से और कहीं से ले ईंधन।
हम से माँगें दियासलाई, खूब रही।।
O
O
गरज पड़े तो बड़ी मम्मी, बड़े पापा।
काम नहीं तो ताऊ-ताई, खूब रही।।
O
O
हलवाई ने कैसे-कैसे नाम रखे।
गुलाब जामुन, बालूशाही, खूब रही।।
O
O
जल हो या जीवन बहता ही अच्छा है।
झील जलाशय के जल काई, खूब रही।।
OOO

14. क्या तुम्हें भाता नहीं

समय बीत जाए तो फिर आता नहीं।
इसीलिए कल आज कहलाता नहीं।।
O
O

चंद्र को उजला किया है सूर्य ने।
पर ताप उसका बढ़ा पाता नहीं।।
O
O

देखकर तुम हंस पड़ो सो हंस दिया।
यह तरीका, क्या तुम्हें भाता नहीं।।
O
O

डूबते का वह सहारा बन गया।
किंतु तिनका गीत तो गाता नहीं।।
O
O

दाम के पीछे, निरा जीवन गया।
धर्म उनको कुछ समझ आता नहीं।।
ooo

15. क्या कीजै !

कभी नहीं मन भेद बताए, क्या कीजै!
खोले थोड़ा अधिक छुपाए, क्या कीजै!!
○
○
माल हमारा ही खाता है वह हर दिन।
किंतु गीत औरों के गाए, क्या कीजै!!
○
○
रोटी, कपड़ा और मकान जरूरत है।
विज्ञापन सरकार दिखाए, क्या कीजै!!
○
○
संविधान को ठीक तरह से पढ़ा नहीं।
नेता बन जनता बहकाए, क्या कीजै!!
○
○
फोड़ देता ठीकरा सिर पर लोगों के।
बिना किए कुछ मौज उड़ाए, क्या कीजै!!

ooo

16. शरीर आधा उघरा

मन में व्यर्थ शोक है पसरा।
जीवन की गति का रथ ठहरा।।
O
O

करता है भयभीत शत्रुदल।
नहीं सगों से भी कम खतरा।।
O
O

छलिया खाए और उड़ाए।
सज्जन बना बली का बकरा।।
O
O

दुखियों की पहचान एक-सी।
भूखा, शरीर आधा उघरा।।
O
O

रूप नहीं व्यक्तित्व जताए।
मुख कुरूप, अंतर्मन सुथरा।।
ooo

17. राजदुलारी हिंदी

मेरी और तुम्हारी हिंदी।
पढ़ें सभी नर-नारी हिंदी।।
○

उत्तर पूरब दक्षिण पश्चिम।
सबकी राजदुलारी हिंदी।।
○

शब्दों की नूतन क्यारी है।
अर्थों की फुलवारी हिंदी।।
○

शब्दकोश अदभुत अथाह है।
अंग्रेजी पर भारी हिंदी।।
○

हैं अनेक देशों में पाठक।
भारतीयों को प्यारी हिंदी।।
○

नहीं राष्ट्रभाषा का दर्जा।
घर में ही गद्दारी हिंदी।।
○

भूल गए मंत्री पद पाकर।
दे भाषण, लाचारी हिंदी।।

18. दर्द की पुड़िया

माँ बस परियों की कहानी ही सुनाती रही।
भूख से संतान जिस रात छटपटाती रही।।

O

O

ज्योत्सना चहुँ ओर बिखरी उस पूनम की बेला में।
घर था अंधियारा, उजाले के गीत गाती रही।।

O

O

बात अच्छी हो उसे अच्छी बात न कौन कहे।
बात झूठी न जाने कैसे मूल्य बढ़ाती रही।।

O

O

माँग-आपूर्ति के नियम से पाबंद है जीवन।
मनुष्य की आदत उसे गिराती उठाती रही।।

O

O

फैंक दी कवि ने हर दर्द की पुड़िया बनाकर।
जिसने भी आजमाई राहत दिलाती रही।।

ooo

19. शूल नुकीले

लगते मानो शूल नुकीले।
हो जाते जब लोग हठीले।।
O
O

जल से हरियाली बढ़ती है।
सूख हुए जंगल रेतीले।।
O
O

चतुर नारि सीधे पुरुषों की।
भोली पत्नी, पति रंगीले।।
O
O

अश्व दौड़ में महारथी हैं।
ऊंट दौड़ते सरपट टीले।।
O
O

खिलने को हैं सुमन पेड़ पर।
इसीलिए पत्ते हैं पीले।।

OOO

20. कवि सचमुच जादूगर

हृदय प्रेम का सागर होता।
यदि मन-मंदिर भीतर होता।।
O
O

लेखक वर्ग किताबी-ज्ञानी।
सच्चाई से बाहर होता।।
O
O

आ सकता है क्रोध किसी को।
एकमात्र कारण डर होता।।
O
O

बाँधे कई कल्पना के पुल।
कवि सचमुच जादूगर होता।।
O
O

नेताओं की बात अलग है।
एक एक से बढ़कर होता।।

OOO

21. लोग बोलते रहे

बोलने वाले कुछ न कुछ लोग बोलते रहे।
कर्मयोगी मार्ग नए-नए खोजते रहे।।
O
O
सद्बुद्धि ने सभी को आशीर्वाद ही दिया।
मन ही मन कुबुद्धि लोग बस कोसते रहे।।
O
O
गोलीबारी नयनों-नयन अंधाधुंध थी।
प्रेम पंछी आपस में हृदय मोहते रहे।।
O
O
बुरे-समय, निर्धन व्यक्ति करे मदद गरीब की।
धनाढ्य अवसर देखकर सदा लूटते रहे।।
O
O
सत्य है कानून के हाथ लंबे हैं बहुत।
पर, दबंग नागरिक-अधिकार छीनते रहे।।

OOO

22. सहोदर निकला

हँस कर या फिर रो कर निकला।
था जो साथ, सहोदर निकला।।

O

कई लोग हैं सब के भीतर।
एक व्यक्ति ही बाहर निकला।।

O

डर के आगे जीत खड़ी है।
जीत गया जिसका डर निकला।।

O

झगड़े माता और पिता से।
संतति के समझो पर निकला।।

O

माल खा गया रखवाले का।
नाग नहीं वह अजगर निकला।।

O

सो न सका मैं एक रात को।
दर्द बढ़ा तो जी भर निकला।।

O

हरी पुण्य की जड़ होती है
कहता संत बराबर निकला।।

23. चपलता मत रख

मन में अति आतुरता मत रख।
भाव उचित, भावुकता मत रख।।
O

कभी इधर तो कभी उधर है।
इतनी चित्त चपलता मत रख।।
O

मानवता से प्रेम, धर्म है।
नयन अश्रु नित बहता मत रख।।
O

धन जीवन की आवश्यकता।
पैसा-पैसा रटता मत रख।।
O

खा जाती तन मन को ईर्ष्या।
हृदय क्रोध से तपता मत रख।।
O

विजातीयता समाजवादी।
जातीयता जकड़ता मत रख।।
OOO

24. नमक लगाने आए

लगीं टूटने साँसें ही जब, लोग बचाने आए।
शोक जताने आए तो कुछ भेद चुराने आए।।

O

O

निंदा करना कुछ लोगों का विषय अत्यधिक प्रिय है।
बातों से तो लगा जले पर नमक लगाने आए।।

O

O

पत्ते पीले पड़े तना जड़ हैं काले काले सब।
पतझड़ के मौसम में सुंदर पुष्प खिलाने आए।।

O

O

खल में से अब तेल निकलना कार्य कठिन लगता है।
छोटी चाप कमान बड़ी फिर भी चढ़वाने आए।।

O

O

भ्रष्ट और मतिभ्रष्ट जनों को भाएँ काम जुगाड़ू।
छीन दीन अधिकार नाम वे स्वयं लिखाने आए।।

ooo

25. कम ही दिखे

बालकों का बालपन में खेलना कम ही दिखे।
बादलों में मेघ है पर गर्जना कम ही दिखे।।
O

घट गई है कुमुदिनी में महक की संभावना।
और भौंरों के हृदय में कामना कम ही दिखे।।
O

आजकल की नारियों को राम जाने क्या हुआ।
नाचना तो बढ़ गया, पर अर्चना कम ही दिखे।।
O

नाम सोशल मीडिया है चीज अनसोशल बड़ी।
भावना के नाम पर सद्भावना कम ही दिखे।।
O

'आई लव यू' कह दिया तो मत समझना प्यार है।
प्रेमियों में प्रेम वाली चाहना कम ही दिखे।।
O

साधना को, प्रार्थना को दाम से मत जोड़ना।
दाम वाले धाम सच्ची प्रार्थना कम ही दिखे।।
OOO

26. देर लगी

दबी बात को बाहर तक आने में देर लगी।
सहमे अधर, जीभ को हकलाने में देर लगी।।
O
O
समझ गया वह उलझी हुई पहेली को क्षण में।
ज्ञानी को, लोगों को समझाने में देर लगी।।
O
O
'आई लव यू' बोल चुकी है कई बार प्रेयसि।
अपनेपन से प्रियतम कह पाने में देर लगी।।
O
O
शर्त प्रेम की है कि बिछड़ना पड़े प्रेमियों को।
इसी सत्य को मन में बस जाने में देर लगी।।
O
O
सुनो 'बिसावर' सरसों नहीं हथेली पर जमती।
घर को एक घरौंदा बनवाने में देर लगी।।
ooo

27. कल परसों गुजरे

कहते पल-पल, पल जाता है।
समय हमें यों छल जाता है।।

O

कल कहते कल परसों गुजरे।
आज कहा तो कल जाता है।।

O

बोले झूठ स्वयं से ही मन।
निकले समय बदल जाता है।।

O

अच्छा नहीं टालना सब कुछ।
घटता तन का बल जाता है।।

O

चाल समय की बड़ी अनोखी।
खोटा सिक्का चल जाता है।।

O

खेले खेल क्रोध पल भर में।
टाल दिया तो टल जाता है।।

O

नहीं भली आदत है ईर्ष्या।
तन मन अपना जल जाता है।।

28. आदमी सामान

घट रही है व्यक्तिगत पहचान आजकल।
चढ़ गई मुख झूठ की मुस्कान आजकल।।
O
हर गली या मॉल या हर हाट देख लो।
बिक रहा बन आदमी सामान आजकल।।
OO
आ रहे, कुछ जा रहे, कम ही ठहरते हैं।
एक दिल में हैं कई दिल जान आजकल।।
O
लोन लेकर घर बनाना हो गया फैशन।
फिर भले गिरवी रखे हर शान आजकल।।
O
आज विरले ही कहीं मजबूत है रिश्ते।
लोग चिंतित हैं कई हैरान आजकल।।
O
'ब्याह कर के प्रेम को मजबूर थे तुम तो।'
कह रही है बाप से संतान आजकल।।
O
सोच लालच लोभ की बर्बाद कर गई।
कल चमन था जो कि है वीरान आजकल।।

29. आदत में शैतानी

तुमको कुछ हैरानी है क्या!
अरे! दूध में पानी है क्या!!

§

मास्क हटे तो खींचें फोटो!
कोई आनाकानी है क्या!!

§

कभी नहीं देखी है सूरत!
लगी तुम्हें पहचानी है क्या!!

§

रंग श्वेत है कुछ कौओं का!
प्रलय शीघ्र ही आनी है क्या!!

§

लिया कमीशन , डंडी मारी!
दुगुनी बेईमानी है क्या!!

§

मुख तो मोकम्बो जैसा है!
दिलमें कुछ नादानी है क्या!!

§

बना बिगाड़ा खेल 'बिसावर'!
आदत में है शैतानी है क्या!!

30. अनेक इच्छाएँ

सबसे खेल कराता है।
उँगली पकड़ नचाता है।।
O

सबसे बड़ा खिलाड़ी है।
माने जगत, विधाता है।।
O

जल्दी ऊँचा चढ़ जाता।
जल्दी नीचे आता है।।
O

लगने लगे परी प्रेयसि।
दिल जब आ ही जाता है।।
O

मन की अनेक इच्छाएँ।
छोर न कोई पाता है।।
O

कौन किसे क्या समझाए।
सुने न बात सुनाता है।।
O

दृष्टि लक्ष्य पर टिकी हुई।
संख्या अब्बवल लाता है।।

31. लुच्चे को भाई

कभी कभी मुख से सच्चाई तो कहो।
सत्य बोलना काम भलाई तो कहो।।
O
O
किया विवाह कचहरी में तुम दोनों ने।
अब आपस में लोग-लुगाई तो कहो।।
O
O
बड़े आधुनिक दिखते हैं पहनावे से।
मत अपने गमछे को टाई तो कहो।।
O
O
नहीं अन्य रिश्ता कोई भाई जैसा।
किसी न लुच्चे को तुम भाई तो कहो।।
O
O
मिले मित्र तो नौकर कहा पिताजी को।
नहीं नौकरानी को माई तो कहो।।
ooo

32. जिंदगी से दूर

आदमी मशहूर होने के निकट है।
जिंदगी से दूर होने के निकट है।।
O
रौब लोगों पर बहुत झाड़ा है उसने।
सेठ अब मजदूर होने के निकट है।।
O
पेट भूखे हैं, भूख हड़ताल कर दी।
मानिए मजबूर होने के निकट है।।
O
बात सच्ची है न अब उसको सुहाती।
आईने से दूर होने के निकट है।।
O
कह दिया उसको परी इक दिन किसी ने।
सोचती वो हूर होने के निकट है।।
O
गाल पोते, बाल पोते, खाल पोती।
आदमी लंगूर होने के निकट है।।
O
बाप माँ सब त्याग कर करते गुजारा।
वो नशे में चूर होने के निकट है।।

33. बात कर लें

फूल, गजरे, माँग, टीके, बिंदियों की बात कर लें।
बैठ मेरे पास कल की, चिट्ठियों की बात कर लें।।
§
याद है वे नैन तिरछे, कर लजाना, मुस्कुराना।
दाँत में पल्लू दबाती, उँगलियों की बात कर लें।।
§
अब कहाँ शर्मोहया दिखती बची जो दौर आया।
ओट, मुँडेरों, बगीचों, खिड़कियों की बात कर लें।।
§
कागजों के फूल जैसी पॉलिमर की चूड़ियाँ हैं।
काँच वाली खनखनाती चूड़ियों की बात कर लें।।
§
था बुजुर्गों ने सिखाया, सिर्फ सच का साथ देना।
कुछ पिताजी की बताई, गलतियों की बात कर लें।।
§
पेट भर जाता है लेकिन, भूख मिटती ही नहीं है।
माँ के हाथों की खिलाई, रोटियों की बात कर लें।।
§
हो भले विश्वास अंधा, किंतु रिश्ते हैं जरूरी।
दर्द अपना और उनकी, हिचकियों की बात कर लें।।

34. देख बूढ़े नाचते

बढ़ गया है मुहल्ले में शोर अचानक।
प्रेम नगर में घुस गया चितचोर अचानक।।

§

आह आकर होठ पर थम सी गई थी।
जोर से खींची तो टूटी डोर अचानक।।

§

दाँत मुँह में नहीं किंतु बनते युवा हैं।
फेसबुक पर बढ़ जाता है जोर अचानक।।

§

बाल काले कर दिखे बुढ़िया जवान-सी।
देख बूढ़े नाचते बन मोर अचानक।।

§

पड़ जाती हर चीज ठंडी सर्दियों में।
चहलकदमी घट गई हर ओर अचानक।।

§

रैन-बसेरे चल रहे हैं फाइलों में।
नहीं घटेगा भ्रष्टाचार-घोर अचानक।।

ೲ

35. आवश्यक है

मन में अपने आप मचलना, आवश्यक है।
मेरा, साथ तुम्हारे रहना, आवश्यक है।।
O
O

निश्चित पड़े प्रभाव मिले जैसी भी संगत।
पूर्ण रूप यह बात समझना, आवश्यक है।।
O
O

ढोल-नगाड़ों की ध्वनि पड़ जाती है हल्की।
समय-समय पर डोरी कसना, आवश्यक है।।
O
O

नित्य क्लेश हो जिस घर में, उड़ जातीं खुशियाँ।
शोर किसी एक दिन थमना, आवश्यक है।।
O
O

चंद पलों में राक्षस हो जाता है मानव।
नहीं नशे में कभी बहकना, आवश्यक है।।
ooo

36. चुपके-चुपके

चुपके-चुपके उसकी गली गुजरते हो।
जिस युवती पर दिल या जान छिड़कते हो।।

o

o

क्यों कहते हो बात घुमा कर तुम ऐसे।
कहो एक दिन उस सूरत पर मरते हो।।

o

o

किसी रोज भी वह नीचे गिर सकता है।
इतना क्यों उस आसमान से डरते हो।।

o

o

एक घटा संशय मनमुटाव कर दे।
तंज नित्य जो अनजाने में कसते हो।।

o

o

याद रखो कमजोर प्रीति के धागे हैं।
प्रियतम से जब मिलते और बिछड़ते हो।।

ooo

37. गिर पड़ेंगे

चाँद, सूरज या सितारे, गिर पड़ेंगे।
नील नभ के कुछ नजारे, गिर पड़ेंगे।।
O
O

है उठा फिर ज्वारभाटा सागरों में।
लोग जो बैठे किनारे, गिर पड़ेंगे।।
O
O

जेल में डाले युवक जो भूल कर दी।
बाप-माँ जिनके सहारे, गिर पड़ेंगे।।
O
O

है उन्हें डर, छोड़ दोगे बीच पथ पर।
जो नहीं जल्दी उबारे, गिर पड़ेंगे।।
O
O

आज तो मजबूत पर हैं, उड़ रहे हैं।
यदि शिकारी ने दुलारे, गिर पड़ेंगे।।
ooo

38. यार के कुत्ते

अब वफादारी न रखते यार के कुत्ते।
कुछ घरों की शान भर हैं प्यार के कुत्ते।।
हम बिलायत के प्रशंसक आज तक भी हैं।
आ गए यूरोप के बाजार के कुत्ते।।

०

नाम बेबी, डॉन, चीता और लायन हैं।
मत उन्हें बोलो कभी पुचकार के, कुत्ते।।
खा रहे हैं केक, बिस्किट और बिरियानी।
बन गए हिस्सा कई परिवार के कुत्ते।।

०

होड़ करने की पड़ोसन को बहुत सूझी।
तब गया लेने पड़ोसी हार के कुत्ते।।
भूल नौकर से हुई तो पड़ गई गाली।
प्यार लेकिन पा रहे संसार के कुत्ते।।

०

एक दिन वह काट बैठा पाँव मालिक का।
पड़ गए दोनों भगाने मार के कुत्ते।।
गाय हो तो दूध, घी परिवार को मिलता।
माल केवल खा रहे हैं द्वार के कुत्ते।।

੦੦੦

39. याद तुम्हारी

दिन हैं गिने चुने भाई।
और न अब लेना साई।।
○
○

इंटरनेट बदलता सच।
पहाड़ बन जाता राई।।
○
○

लूट, दलाली या रिश्वत।
कभी नहीं मन हरषाई।।
○
○

दान दक्षिणा की लक्ष्मी।
सब के घर न ठहर पाई।।
○
○

याद सखे सब आते हैं।
याद तुम्हारी कल आई।।
ooo

40. ऊँचे सपने

ऊँचे सपने पाला करिए।
कोई गड़बड़झाला करिए।।
O
O

भाँति-भाँति के सुमन बाग में।
जोड़-गाँठ कर माला करिए।।
O
O

एक रत्न जनती यह पीढ़ी।
साली या फिर साला करिए।।
O
O

सीख लीजिए नेतागीरी।
एक बड़ा घोटाला करिए।।
O
O

दीपक बुझने वाला है अब।
कहते आप! उजाला करिए।।
OOO

41. माँ मुझ में है दाग!

कर्म और प्रारब्ध साथ ही चलते हैं।
तदनुसार वट-वृक्ष फलों के उगते हैं।।

O

O

जिसने आँख दिखाई उसकी बात सुनी।
दुर्जन की कब चीख-पुकारें सुनते हैं।।

O

O

अनुशासन में रहते तो सब नियम सहो।
दबंग अनुशासित के कान कतरते हैं।।

O

O

ताने सुनकर चाँद एक दिन लड़ बैठा।
'माँ! मुझमें है दाग', लोग यह कहते हैं।।

O

O

दुख में जपते नाम हम सभी ईश्वर का।
सुख में मात्र सुजान निरन्तर जपते हैं।।

OOO

42. मुफ्त नहीं भोजन

न हो संभव मत किसी से दिल लगाने की बात कर।
किंतु कदापि नहीं उनका दिल दुखाने की बात कर।।

o

o

बड़ा है कौन छोटा कौन सुनिश्चित सब समय करता।
पड़े झुकना जहां झुकना न तू झुकाने की बात कर।।

o

o

न तो उपहार मिलते मुफ्त नहीं भोजन कहीं मिलता।
चुकाए धन बिना या कर्म मत पाने की बात कर।।

o

o

कर्म करना सदा अच्छे कर्म से ही भला होगा।
विदित जग सत्य है न इसको झूठ बताने की बात कर।।

o

o

यहां लिख दूँ वहां छप लूं इसे खा लूं उसे पा लूं।
'अमर' निरंतर काम कर मत जाने की बात कर।।

ooo

43. जाने कितने

हैं उनके दीवाने कितने।
यार और अफसाने कितने।।
O
आए, आते हैं, आएंगे।
करते रहे बहाने कितने।।
O
मधुशाला खाली कब होती।
भरे हुए पयमाने कितने।।
O
वस्त्र नहीं टिकता शरीर पर।
उतार फैंके जाने कितने।।
O
नहीं एक भी भाया उनको।
मैंने लिखे तराने कितने।।
O
प्रेम जगत में अमूल्य निधि है।
ढूंढ रहे हैं पाने कितने।।
O
बात बताई तनिक 'बिसावर'।
मारे उसने ताने कितने।।

44. औकात पर बोलें

किसी को बेवफा यूं ही भला किस बात पर बोलें।
नहीं वश चल रहा जिस पर उसी हालात पर बोलें।।
O
O

हमें मालूम है वो प्यार हम से खूब करते हैं।
मुहब्बत की कथा क्यों फिर विरह की रात पर बोलें।।
O
O

तुम्हारे दोस्तों की मंडली बर्बाद कर देगी।
तुम्हें सब लोग उनकी हैसियत, औकात पर बोलें।।
O
O

सियासत के लिए यह चीज इस्तेमाल होती है।
न अपनी जात पर ना ही तुम्हारी जात पर बोलें।।
O
O

सुना है फूल नरगिस पर हजारों साल में आता।
'बिसावर' कुछ नहीं उसके तने, जड़, पात पर बोलें।।

ooo

45. सुखिया दुखिया

सुखिया सुख के गाने गाता।।
दुखिया अपना राग सुनाता।
०
०
सेवक करता रहता सेवा।
मुखिया व्यक्ति चिलम भरवाता।।
०
०
लघु अत्यंत गरीबों के घर।
धनी नौ गुना बड़ा अहाता।।
०
०
मीठा तो मीठा होता है।
कहो न किसका मन ललचाता।।
०
०
मिला नहीं पानी पीने को।
वह बेचारा नहा न पाता।।
ooo

46. जीवन में जीवन

मन की उलझन को सुलझाने।
वे रूठे हम चले मनाने।।
O

अटके मेरी साँस गले में।
वे लगते जब अधिक चिढ़ाने।।
O

जो न समझता वही अनाड़ी।
अक्लमंद ही बातें माने।।
O

जीवन में जीवन कम बचता।
अच्छे होते नहीं बहाने।।
O

माना ज्यादा समझदार हो।
अच्छी बात न देना ताने।।
O

राम, दाम, निज नाम, काम के।
हैं जीवन के ये सब खाने।।
OOO

47. आधी रोटी

दूध बह गया नाली में।
बिल्ली हैं रखवाली में।।
O
O
पीपे में पूरा आटा।
आधी रोटी थाली में।।
O
O
बीस कमाए दस पाए।
बाकी गए दलाली में।।
O
O
बाग भरा है दीमक से।
दोष बताते माली में।।
O
O
घुने हुए हैं गेहूँ, जौ।
रह भूखा कंगाली में।।
ooo

48. मनाना जरूरी

कोई रूठ जाए तो मनाना जरूरी है।
दूर है जो पास उसको लाना जरूरी है।।

O

दिल अधिक समय तक नजदीक नहीं रहते।
बीच बीच में फासला घटाना जरूरी है।।

O

बढ़ गए हैं भाव जिसके टमाटर की तरह।
बेदखल कर औकात बताना जरूरी है।।

O

तड़का बगैर जीरे के ही घर में लग रहा।
इंटरनेट रीचार्ज तो कराना जरूरी है।।

O

हद से ज्यादा खुशी मिले झूठी तारीफों से।
ये बुरी लत है, खुद को बचाना जरूरी है।।

O

कर्ज लेकर मौज करना पागलपन या शौक।
सच समझ कर खुद को समझाना जरूरी है।।

O

दिल भरा है गम के गुबार से 'बिसावर'।
महफिलों में थोड़ा मुस्कुराना जरूरी है।।

49. सूत्रधार परिवार पिता

बचपन के संसार पिता।
बच्चों के अधिकार पिता।।
○
○
अडिग देहरी, खंभे से।
घर के पहरेदार पिता।।
○
○
सभी सहोदर दीवारें।
छत जैसे साकार पिता।।
○
○
सपने नभ- चुम्बी जितने।
दें सम्भव आकार पिता।।
○
○
हाथ रिक्त , पर बच्चों के।
खर्चे को तैयार पिता।।
○
○

आँसू, कहें खुशी के हैं।
गए कई सुख हार पिता।।

O

O

अलगथलग सब डोर बिना।
सूत्रधार - परिवार पिता।।

O

O

करुण, ममत्व भाव माँ दे।
सिखलायें संस्कार पिता।।

O

O

गृहणी का सिंदूर प्रथम।
अरु अंतिम सिंगार पिता।।

O

O

हुआ सफल इतिहास कहे।
ग्रहण किया जो सार पिता।।

O

O

धन्य, हाथ जिनके सिर पर।
माँ काशी , हरिद्वार पिता।।

O

❧❧❧

50. नेता रहें मलंग

अपने ही निर्माण को, देख ब्रह्म हैं दंग।
बिना डोर के आजकल, नभ में उड़े पतंग।।
O

खरबूजे को देखकर, गहे रंग खरबूज।
धीरे-धीरे हो मनुज, बुरा बुरों के संग।।
O

गलत सही के मध्य है, रेखा अति बारीक।
जनसेवा के नाम पर, पोषित कई दबंग।।
O

जीत हुई है एक की, मिली आठ को हार।
हार जीत जो भी हुई, नेता रहें मलंग।।
O

युवक-युवतियों में लगी, सूक्ष्म -वस्त्र की होड़।
नाचे सोशल मीडिया, नित्य धमाधम नंग।।
O

बूढ़े और जवान अब, इंटरनेट फकीर।
मोटे ऐनक को चढ़ा, झाँकें छोटे अंग।।

OOO

51. अंतर्मन-व्यथा

अकारण ही नयन से गिरते कहीं मोती नहीं।
अंतर्मन-व्यथा परायों से व्यक्त होती नहीं।।
O
O

प्रेमिका-मिलन को प्रेमी तड़पता ही रहे।
उसी तड़प को लेकर प्रेमिका सोती नहीं।।
O
O

'मम्मा' जी चाय बना देती हैं सुबह-सुबह।
'अम्मा' जैसे दही-छाछ तो बिलोती नहीं।।
O
O

अवसर समय और कानून के अनुसार देती है।
सरकार किसी व्यक्ति के जीवन को ढोती नहीं।।
O
O

कई लोगों को कभी हँसते नहीं देखा गया।
पर आँख एक नहीं देखी जो रोती नहीं।।
ooo

52. भ्रम का कूड़ादान

स्वयं आत्मविश्वास घटाना कब अच्छा!
भ्रम का कूड़ादान बढ़ाना कब अच्छा!!
O
O
अधिक मदद आलसी बनाती लोगों को।
बोझा हद से अधिक उठाना कब अच्छा!!
O
O
मात्र जौहरी ही हीरे की परख करे।
ज्ञान बाँट कर मूर्ख कहाना कब अच्छा!!
O
O
कुछ लोग उठा लेते हैं जब हम गिरते हैं।
उन लोगों को कहीं गिराना कब अच्छा!!
O
O
सोच-समझ कर पथ जीवन के चुनने हैं।
बिना मृत्यु आए मर जाना कब अच्छा!!

ooo

53. मत बीमारी रख

मत झूठों से यारी रख।
मन में मत बीमारी रख।।
O
O
दुख बीते सुख आता है।
खुशी भीतरी तारी रख।।
O
O
सबसे बड़ा युद्ध जीवन।
शस्त्र-निपुणता जारी रख।।
O
O
सदा साथ ही है ईश्वर।
नहीं हृदय लाचारी रख।।
O
O
कभी हँसा भी कर प्यारे।
मत इतना मन भारी रख।।
OOO

54. मत्थे मढ़ना

अतिशय नहीं रगड़ना है।
क्रमशः आगे बढ़ना है।।

O

भूल हुई, स्वीकार करो।
किसके मत्थे मढ़ना है।।

O

आवश्यक है समझाना।
लेकिन नहीं झगड़ना है।।

O

सुमति कुमति दोनों भीतर।
नित्य स्वयं से लड़ना है।।

O

महके पुष्प वसंती ऋतु।
पतझड़ में फिर झड़ना है।।

O

मिलन हुआ है कल परसों।
अगले दिवस बिछड़ना है।।

O

निन्यानबे-चक्र घातक।
पदम शंख तक गणना है।।

55. आगाह करना फर्ज

था उदर खाली मगर गाते हुए गाना मिला।
क्या तुम्हें ऐसा कहीं पर एक दीवाना मिला।।

०
०

कर्मयोगी व्यक्ति जग में कर्म ही करता रहे।
सब रुपैया ले गए उसको वहां आना मिला।।

०
०

भख रहे धनवान भोजन को सुबह से शाम तक।
पर नहीं दो जून का भी दीन को खाना मिला।।

०
०

रैलियों की भीड़ में सच्चे समर्थक अब नहीं।
लोग जाते हैं कि खाना, मुफ्त में जाना मिला।।

०
०

खुद छिहत्तर जी लिए छप्पन न औरों को दिए।
ये दबंगों का जगत में आज पैमाना मिला।।

०००

०००

है समय की खासियत कोई दया करता नहीं।
स्वर्ण हो चौबीस कैरट, यदि गलत दाना मिला।।

O

O

ली परीक्षा थी यहां हरिचंद राजा की कभी।
क्या हुआ जो सत्यवादी का मुझे ताना मिला।।

O

O

आत्महत्या नाम की कुछ वस्तु होती ही नहीं।
मारने वाला सदा ही व्यक्ति पहचाना मिला।।

O

O

देखिए, आगाह करना फर्ज है सो कर चलूं।
आत्मा को सत्य के ही साथ निभ पाना मिला।।

OOO

56. काबू पक्का

चाहें गज की करें सवारी।
लगे ऊँट पर चढ़ना भारी।।
O
O

रहे युद्धरत दिमाग दिल से।
चलते भाले और कटारी।।
O
O

संग आयु के तन ढल जाता।
निकल जवानी जाती सारी।।
O
O

अरे! पदोन्नति क्या-क्या देगी!
परिणय की बेला क्यों टारी!!
O
O

रखे सदा जो धन को आगे।
रहता कोई क्वारा, क्वारी।।
ooo
ooo

आज ब्याह ले, कल न भरोसा।
नियम करें सरकारें जारी।।
O
O

पेट भरा है मुफ्त-भोज से।
लगे उन्हें शक्कर भी खारी।।
O
O

काबू पक्का, झगड़ा झूठा।
बन अपने करते गद्दारी।।
O
O

'अमर' नाम में क्या रक्खा है।
किस अर्जुन ने चिड़िया मारी।।
OOO
OOO

57. पा गया हूँ जिंदगी

जी रहा था कल तलक मैं शान से।
मर रहा अब व्यर्थ ही अभिमान से।।
O
O

मुश्किलें तो खूब आईं राह में।
पा गया हूँ जिंदगी वरदान से।।
O
O

बोलना गर बंद समझो मौत है।
जिंदगी का आंकलन है जान से।।
O
O

मुफ्त में मत प्यार अपना दे उसे।
आदमी मर जाएगा अहसान से।।
O
O

मार देती है उदासी सुन 'अमर'।
लौटती है जिंदगी मुस्कान से।।

ooo

58. जलती रहती बाती

याद तुम्हारी आती है जी।
सारी रात जगाती है जी।।
O
O
एक परीक्षा है ये जीवन।
कठिन घड़ी समझाती है जी।।
O
O
कौआ कांव कांव करता है।
कोयल कू कू गाती है जी।।
O
O
लोग कहें दीपक जलता है।
जलती रहती बाती है जी।।
O
O
दिन दूनी है, रात सवाई।
जोड़ी बहुत कमाती है जी।।
ooo
ooo

शक्ति मिली शैतान हो गई।
अति आतंक मचाती है जी।।
O
O

होठ लाल हैं बिन लाली के।
कैसा रंग लगाती है जी।।
O
O

खैर, हमें क्या लेना देना।
जैसा करे, चुकाती है जी।।
O
O

चलो लौटकर घर चलते हैं।
घर से आई पाती है जी।।
OOO
OOO

59. देखा-देखी

ठोकर लगी गुजरिया यों ही।
कब छलकी गागरिया यों ही।।
O
याद मदारी का हंटर है।
नाची नहीं बँदरिया यों ही।।
O
देखा-देखी सिर मुँड़वाया।
ओढ़े लहँगा-फरिया यों ही।।
O
गहरी चोट कई खाई हैं।
बदला नहीं नजरिया यों ही।।
O
बिखरे ईंट और पत्थर सब।
गली जंग से सरिया यों ही।।
O
किसी रंग में रँगा न मन को।
मैली हुई चदरिया यों ही।।
O
माया मिली न राम 'बिसावर'।
बीती सकल उमरिया यों ही।।

60. जो सीधे मार्ग चले

लगे होड़ में अधिकारों की, कर कानूनी उल्लंघन।
भूल गए हैं लोग आजकल कर्तव्यों का निष्पादन।।

O

मूर्ख और पगला कहलाता है जो सीधे मार्ग चले।
पड़े गले में हार चले जो टेढ़ा, हो उसका पूजन।।

O

धन ने अक्सर बदल दिया है दृष्टिकोण ही मानव का।
आचार विचार संस्कार कहाँ कहलाते हैं अब संसाधन।।

O

अरे पार्टनर, कैसे संभव होगा विकास भारत का।
बारह पास जहाँ किया करते स्नातक का मूल्यांकन।।

O

अधिक दया-सहानुभूति की मात्रा होती पुरुषों में।
ममता तत्व भिन्न है जिसका क्षेत्र मात्र अपनापन।।

O

नारि नारि को, पुरुष पुरुष को देख नहीं खुश होता है।
चाहे सब मेरा हो सकता यदि कर दूँ उसका मर्दन।।

OOO

61. प्रेम के बंधन

जो गरजते हैं बरस वे ही न पायेंगे।
लोग बातूनी महज बातें बनायेंगे।।
O
O
रूठ जाने दो अगर वे रूठ जाते हैं।
सत्य जब मालूम होगा लौट आयेंगे।।
O
O
प्रेम के बंधन बहुत मजबूत होते हैं।
ये सभी बिछड़ों को वापस खींच लायेंगे।।
O
O
पड़ गई है रूठ जाने की उन्हें आदत।
और कितनी बार उनको आजमायेंगे।।
O
O
छोड़िए क्या बात करनी चाँद तारों की।
जी रहे धरती पे, धरती में समाएँगे।।

ooo

62. कब तलक

ज्ञान झूठा दूसरों को आप दोगे कब तलक।
भावनाओं का हवन करते रहोगे कब तलक।।

O

O

रोज परदे डाल कर रँग रूप देते हैं बदल।
रिक्त होकर भी चकाचक तुम दिखोगे कब तलक।।

O

O

सिलसिला है हार-जीतों का रहे चलता सदा।
युद्ध अपने आप से तुम जीत लोगे कब तलक।।

O

O

दें बदल हर एक पहलू जिंदगी का, आइए।
मान ऐसी बात तुम पागल बनोगे कब तलक।।

O

O

झूठ को सौ बार बोलो सत्य हो सकता नहीं।
सच छुपा कर झूठ की माला जपोगे कब तलक।।

ooo

63. आपदा के बीच अवसर

आपदा के बीच अवसर पा गया।
गिर गया मैं और वह उठता गया।।
O

यह धरा प्यासी पड़ी है देर से ।
एक बादल खूब जल बरसा गया।।
O

भाग्य का खेला बड़ा ही है गजब।
फाड़कर छप्पर कहीं देता गया।।
O

भौंकना आदत रही है श्वान की।
आदमी चुपचाप ही काटा गया।।
O

टाल देते लालची कहकर मुझे।
भाग मेरा और को भेजा गया।।
O

माँस का टुकड़ा लगा है दाढ़ को।
जीव धन की चाह में मरता गया।।
O

छूट है संतान को जाए कहीं।
आज पुरखों को बहुत टोका गया।।

64. नीरोगी काया

लगा कमाने में जन जन है।
न्यौछावर करता मन तन है।।
O
O

आवश्यक है बचत सीखना।
बचा शेष कहलाता धन है।।
O
O

पहला सुख नीरोगी काया।
रहता शुद्ध वहीं पर मन है।।
O
O

फर्क नहीं पड़ता है कुछ भी।
किस पर क्विंटल, मन या टन है।।
O
O

उत्तम है यह मंत्र 'बिसावर'।
उच्च विचार, सरल जीवन है।।

OOO

65. बहती धारा

विपत्तियों का मारा है।
मत कहिए आवारा है।।
O

पीठ उठाती है बोझा।
पेट बहुत बेचारा है।।
O

किया मशीनों से मीठा।
वरना पानी खारा है।।
O

बचो लोभ लालच मद से।
चढ़ता गिरता पारा है।।
O

जल हिमगिरि, झरना, नदिया।
जीवन बहती धारा है।।
O

मुफ्त करेंगे दस चीजें।
नेताओं का नारा है।।
O

छलिया है मन मानव का।
ईश्वर ने ही तारा है।।

66. मन की बात

मन की बात बताने निकले।
अपनी कथा सुनाने निकले।।
o
o

लोग बहुत ही समझदार हैं।
आप किसे समझाने निकले।।
o
o

कहें कहीं की, कहीं पहुँचते।
मन में कई ठिकाने निकले।।
o
o

धन अकूत है, नाम भिखारी।
हम जग से अनजाने निकले।।
o
o

दुआ पिता ने, माता ने दी।
संतति के मुख ताने निकले।।

ooo

67. आती-जाती छाया

जीवन सूर्य चंद्र की आती-जाती छाया।
विदुर व्यक्ति दुखड़ों को देख नहीं घबराया।।
O
O
राजनीति में नीति नहीं कोई होती।
जिसने काटे पांव उसी से हाथ मिलाया।।
O
O
प्रेम प्रेमियों को अंधा कर देता है।
मानो पड़ा टोटकेबाजों का हो साया।।
O
O
कहे गधे को बाप आदमी, देखा है।
मायाजाल बिछाई जग में ऐसा माया।।
O
O
त्याग 'बिसावर' फल की इच्छा, कर्म फले।
क्या लेकर जाएगा था क्या लेकर आया।।
ooo

68. उल्टी रीति

झूठी बात बनाते क्यों हो।
जुमलों में उलझाते क्यों हो।।
O
O
पूरे होने की आशा कम।
ऐसे स्वप्न दिखाते क्यों हो।।
O
O
बाहर अच्छी मित्र-मंडली।
घर में सबको लाते क्यों हो।।
O
O
सँकरी बड़ी प्रेम की गलियां।
एक साथ दस जाते क्यों हो।।
O
O
पुत्र पुत्र है पिता पिता है।
उल्टी रीति निभाते क्यों हो।

ooo

69. प्यार की बातें

आइए मिलकर करें कुछ प्यार की बातें।
आपकी, अपनी तथा संसार की बातें।।
o
o
प्रेम से ही जीत सकते द्वेष की दुनिया।
सीखिए, सिखलाइए पुचकार की बातें।।
o
o
हार से ही जीतने की सीख मिलती है।
मत निराशा से घिरो ले हार की बातें।।
o
o
यह सनातन धर्म की उत्तम व्यवस्था है।
ज्ञान का ही अंग शिष्टाचार की बातें।।
o
o
सुन बुजुर्गों से कथाएँ ज्ञान मिलता है।
अब न क्यों होती कहीं परिवार की बातें।।

ooo

70. मत भिन्न-भिन्न हैं

जन्म-मरण जल, थल में होगा।
तय सब अगले पल में होगा।।
O
O
कहते सत्य सूत्र गीता के।
कर्म आज, फल कल में होगा।।
O
O
तेल सतह पर दौड़ लगाए।
बैठा कचरा तल में होगा।।
O
O
उड़े पखेरू नील-गगन में।
मीन बना तो जल में होगा।।
O
O
शब्द, भाव, मत भिन्न-भिन्न हैं।
अर्थ एक ही हल में होगा।।

ooo

71. बनना पड़ता है

रंग-रूप से शानदार बनना पड़ता है।
रंगमंच पर, बार-बार बनना पड़ता है।।
O
O

काम मसखरे का इतना आसान नहीं है।
एक व्यक्ति को तीन-चार बनना पड़ता है।।
O
O

पता करो, कैसे-कैसे बनते हैं धागे!
रस्सी को, क्यों तार-तार बनना पड़ता है!!
O
O

कौन पाले पहलवान, कवि और घोड़े।
अपनों के साथ दीवार बनना पड़ता है।।
O
O

कविता से संतुष्ट नहीं होती है जनता।
कवि को गायक कलाकार बनना पड़ता है।।

ooo

72. दवाई क्या है!

भाईचारा नहीं निभाए वह भाई क्या है!
बचती शिशु को दूध पिलाने से माई क्या है!!
○
○

झूठ बोलना बुरी बात है, अच्छी कौन कहे!
लेकिन हाँ में हाँ मिलाने में बुराई क्या है!!
○
○

मन से अलग-अलग हैं, फोटो खींचे समूह में!
संबंधों के बिगड़ने से बड़ी खाई क्या है!!
○
○

आया अनुभव आयु चुकी, क्या खोया क्या पाया!
मिले वर्गफल जिसको हो मालूम कि पाई क्या है!!
○
○

केवल मानवता मानव को देती है जीवन!
लेकिन ईर्ष्या का उपचार क्या, दवाई क्या है!!

ooo

73. टल जाता है

कहते पल-पल, पल जाता है।
समय हमें यों छल जाता है।।

o

कल कहते कल परसों गुजरे।
आज कहा तो कल जाता है।।

o

बोले झूठ स्वयं से ही मन।
निकले समय बदल जाता है।।

o

अच्छा नहीं टालना सब कुछ।
घटता तन का बल जाता है।।

o

चाल समय की बड़ी अनोखी।
खोटा सिक्का चल जाता है।।

o

खेले खेल क्रोध पल भर में।
टाल दिया तो टल जाता है।।

ooo

74. छुपकर बैठ रोता है

इन्हें लगा था कथा सुनाने आया था।
वे समझे थे व्यथा बताने आया था।।
दौलत भरी थालियां ठुकरा दीं उसने।
मूर्ख, कहें जो दाम कमाने आया था।।

O

कई बिखरते हुए घरौंदे बचा दिए।
टूटे घर परिवार बचाने आया था।।
सत्य वचन सौ लोगों के सम्मुख बोले।
अर्थ झूठ सच का समझाने आया था।।

O

बिना गलतियों के भी गाली खाई हैं।
सही गलत दर्पण दिखलाने आया था।।
उसको नहीं जरूरत ज्यादा दौलत की।
वह तो ढहता किला बचाने आया था।।

O

उसने बिखरा दीं खुशियां कुछ मुखड़ों पर।
दुख में भी हँसना सिखलाने आया था।।
छुपकर बैठ किसी कोने में रोता है।
लोगों की खातिर मुस्काने आया था।।

ooo

75. आया तो करो

पास मेरे आप आया तो करो।
प्रेम का जादू दिखाया तो करो।।
○
○
लोग अपने गैर जैसे हो गए।
गैर को अपना बनाया तो करो।।
○
○
दर्द से सीने सभी के हैं भरे।
होठ पर मुस्कान लाया तो करो।।
○
○
है घरौंदा एक टूटा सा जहां।
उस गली में घूम जाया तो करो।।
○
○
कोकिला सा कंठ पाया आपने।
गीत मेरा कोई गाया तो करो।।
○○○

76. संगत कहा गया

अच्छे बुरे किसी लक्षण को आदत कहा गया।
होता कठिन छोड़ पाना उसको लत कहा गया।।
O
O

चंदा, हफ्ता, ठगी लूट के कई तरीके हैं।
कभी नहीं इन सबको अच्छी संगत कहा गया।।
O
O

अपने में प्रत्येक व्यक्ति है एक अल्पसंख्यक।
जिसके अधिक समर्थक उसका बहुमत कहा गया।।
O
O

कालिदास विद्वान न थे बचपन से, कहते हैं।
विद्वानों के बीच मुझे भी जड़वत कहा गया।।
O
O

मन में हो सुख-चैन तथा घर, रिश्ते-नातों में।
स्वर्ग धरा पर है वह जीवन उन्नत कहा गया।।

OOO

77. अदभुत चित्र

चित्रकार रँग बिखराया है।
अदभुत चित्र निखर आया है।।
O

हार गया है शक्तिमान भी।
पदक जीत मरियल लाया है।।
O

मन के भीतर है सत्यार्थी।
झूठ जीभ से आ पाया है।।
O

भरमाती हैं भूलभुलैया।
सम्मुख भोज नहीं खाया है।।
O

उँगली पर गिरिराज उठाया।
आश्चर्यों ने चौंकाया है।।
O

लिखे गीत तुलसी राघव के।
नानक गुरुवाणी गाया है।।
O

मूर्खों को विद्वान बना दे।
सब ईश्वर की ही माया है।।

78. याद रखना

जब तुम्हें वे खो देंगे।
याद रखना, रो देंगे।।
○
○
कुछ नहीं देते हैं अब।
बाद में कुछ तो देंगे।।
○
○
हैं कटीले वन पसंद।
शूल खुद ही बो देंगे।।
○
○
आजमा सकते हो तुम।
चुप रखूँगा जो देंगे।।
○
○
बात पूछूँ, सच कहना।
आदमी कब हो देंगे।।

ooo

सजल क्या है ?

सजल-विमर्श

√√√√√√√√√√√

सजल क्या है ?

√√√√√√√√√√√

??

सजल -

सजल विधा हिंदी गीतिकाव्य की एक परिपूर्ण विधा है जिसके शिल्प, भाषा और व्याकरण अपनी हिंदी के हैं।

??

सजल गजल को एक और नया नाम देने का उपक्रम नहीं है।

सजल हिंदी की एक परिपूर्ण विधा है। यह देवनागरी लिपि में लिखी जाने वाली उर्दू की गलत-सलत गजल नहीं है, जिसको हिंदी ग़ज़ल कहा जाता रहा है।

??

सजल

हिंदी में गजल जैसी कविता लिखने का मार्ग प्रशस्त करने वाली हिंदी की विधा है।

सजल विधा का शिल्प --

सजल में ५ या ५ से अधिक द्विपंक्तिक पदिकों की कड़ियाँ होती हैं जिनका कथ्य स्वतंत्र होता है।

सजल का प्रथम पदिक आदिक कहलाता है जिसके दोनों पल्लव (पंक्तियाँ) समतुकांत होते हैं।

सजल के शेष सभी पदिकों में ऊपर का पल्लव स्वतंत्र (अतुकांत) होता है,

नीचे वाला पल्लव आदिक के समतुकांत होता है।

सजल की लय किसी भी हिंदी छंद की लय हो सकती है जो सजल की द्विपंक्तिक संरचना के अनुकूल हो।

सजल विधा की तीन मूल विशेषताएँ हैं -

१ -

सभी पल्लवों (पंक्तियों) का मात्राभार समान होता है।

२ -

सजल की भाषा-शैली वर्णनात्मक और विवरणात्मक नही होती है,

इसकी सांकेतिक, प्रतीकात्मक और व्यंजनात्मक होती है।

अर्थात् -

सजल में वर्णित कथ्य में कोई अन्यार्थ ध्वनित होना अनिवार्य है।

३ -

सजल की लय किसी भी हिंदी छंद की लय हो सकती है।

००००००००००००

सजल विधा की उक्त तीन मूल विशेषताएँ हैं।

००००००००००००

नोट -

श्रेष्ठ सजल-सृजन के लिए कुछ सावधानियाँ ----

सजल में जो कथ्य प्रस्तुत है वह तो एक माध्यम होता है। वर्णित कथ्य में व्यंजित अन्यार्थ ही कवि का मुख्य संदेश होता है।

अर्थात्

सजल में किसी वस्तु, व्यक्ति अथवा विषय का सीधा-सीधा वर्णन नहीं किया जाता है।

सजल की भाषा में प्रतीकों, उपमानों, बिंबों, मुहावरों अथवा लोकोक्तियों के माध्यम से कथ्य की प्रस्तुति होनी चाहिए।

सजल की भाषा में सपाटबयानी नहीं अपितु उसकी शैली समासोक्तिपूर्ण होती है।

वर्णित कथ्य मुख्यार्थ नहीं होता है,

उसमें एक अन्यार्थ ध्वनित है।

इसका एक उदाहरण देखें -

१ -

चाँद पूनम का उदित अंदर हुआ।

आदमी विस्तीर्ण रत्नाकर हुआ।।

उक्त पदिक के प्रथम पल्लव में कहा गया है कि ----

मन के अंदर पूनम का चाँद उदित हुआ।

इस कथ्य में जो अन्यार्थ ध्वनित हो रहा है वह है ----

मन के अंदर शुभता का उदय होना।

दूसरा पल्लव ---

आदमी विस्तीर्ण रत्नाकर हुआ।।

कथ्य है कि --

आदमी विस्तृत समुद्र हुआ।

इसमें अन्यार्थ ध्वनित हो रहा है कि --

आदमी उदार-हृदय वाला हो गया, उसका हृदय संकीर्ण नहीं रहा।

इस प्रकार सजल की भाषा --

१ -

सांकेतिक और प्रतीकात्मक होनी चाहिए।

२ -

सजल की भाषा में कहन की कसावट के लिए आवश्यक है कि

प्रत्येक पल्लव का कथ्य स्वयं में पूर्ण हो।

वह दूसरे पल्लव के कथ्य से जुड़कर वाक्य को पूरा करने वाला न हो।

****

संक्षेप में सजल विधा का इतना ही परिचय है। इसका संज्ञान लेकर हम श्रेष्ठ सजल-सृजन कर सकते हैं।

सधन्यवाद,

सादर शुभैषी --

डॉ०अनिल गहलौत

सेवा निवृत्त ऐसोसिएट प्रोफेसर

हिंदी विभाग

के आर कालेज मथुरा (उ प्र)